Vente des Vendredi 16 et Samedi 17 Février 1866

BELLE COLLECTION

D'ANCIENNES

PORCELAINES

DE LA CHINE ET DU JAPON

Émaux cloisonnés. — Matières précieuses

Durlacher

EXPOSITIONS { PARTICULIÈRE, le Mercredi 14 Février 1866
PUBLIQUE, le Jeudi 15 Février 1866

Me Ch. PILLET, Commissaire-Priseur

MM. MANNHEIM, Experts

2 [illegible] £ 80.00
Cartes 15.00

PARIS. — IMPRIMERIE PILLET FILS AINÉ
5, RUE DES GRANDS-AUGUSTINS

CATALOGUE

D'UNE TRÈS-BELLE COLLECTION

D'ANCIENNES

PORCELAINES

DE LA CHINE & DU JAPON

ÉMAUX CLOISONNÉS DE GRANDES DIMENSIONS ET DE TRÈS-BELLE QUALITÉ

MATIÈRES PRÉCIEUSES :

Cristaux de roche, Agates orientales, Jades, etc.

DONT LA VENTE AURA LIEU

HOTEL DROUOT, SALLE N° 5

Les Vendredi 16 et Samedi 17 Février 1866

A DEUX HEURES

Par le ministère de Me **CHARLES PILLET**, Commissaire-Priseur,
rue de Choiseul, 11,

Assisté de MM. **MANNHEIM**, Experts, rue de la Paix, 10,

Chez lesquels se distribue le présent Catalogue.

EXPOSITIONS { PARTICULIÈRE, le Mercredi 14 Février 1866
PUBLIQUE, le Jeudi 15 Février 1866

De une heure à cinq heures.

CONDITIONS DE LA VENTE

Elle sera faite au comptant.

Les acquéreurs payeront *cinq pour cent* en sus des enchères.

Les expositions mettant le public à même de se rendre compte de l'état des objets, il ne sera admis aucune réclamation une fois l'adjudication prononcée.

Paris. — Imp. Pillet fils aîné, rue des Grands-Augustins, 5.

DÉSIGNATION

DES OBJETS

Porcelaines

1 — Très-belle garniture de cinq pièces : Vases et cornets, en ancienne porcelaine de Chine décorée d'arbustes, de fleurs et d'oiseaux émaillés de belles couleurs et enrichis de bordures à ornements, poissons et fleurs. Haut. des vases à couvercle, 60 cent. ; haut. des cornets, 48 cent.

2 — Autre belle garniture de cinq pièces : Potiches et cornets à pans, en ancienne porcelaine de Chine, décorée de médaillons de paysages avec figures, alternant avec des cartouches de fleurs, le tout finement décoré en émaux de couleurs et enrichis d'encadrements ornés de fleurs décorées en rouge avec feuillages verts sur fond jaune d'or. Les couvercles des potiches sont surmontés de chimères assises. Qualité très-rare. Haut. des vases, 70 cent. ; haut des cornets, 52 cent.

3 — Deux grands et beaux vases, en forme de balustre à gorge très-élancée et évasée, en ancienne porcelaine de Chine, à médaillons et cartouches de fleurs, d'oiseaux et d'animaux fantastiques décorés en émaux de la famille verte. Le fond, émaillé vert et pointillé, est orné d'un jeté de fleurs et de papillons décorés en couleurs avec frise de fleurs réservées en blanc sur fond rouge de fer. Très-belle qualité. Haut., 67 cent.

4 — Très-beau vase en forme de balustre carré, en ancienne porcelaine de Chine; chacune de ses faces présente des figures exécutées en relief et décorées en émaux de la famille verte sur un fond de paysage. Divers ustensiles en relief décorent sa gorge; sa base, ainsi que la partie supérieure de sa panse, sont émaillées de fleurs, d'oiseaux et de rosaces en couleurs. Haut., 49 cent.

5 — Vase analogue à celui qui précède et pouvant lui servir de pendant. Chacune de ses faces présente des ustensiles en relief émaillés en couleurs. Haut., 48 cent.

6 — Garniture de cinq pièces : Vases et cornets en ancienne porcelaine de Chine, fond-bleu, lapis rehaussé de dessins d'or et enrichis de médaillons de personnages et de fleurs finement décorés en émaux de couleurs. Haut. des vases, 52 cent.; haut. des cornets, 44 cent.

7 — Deux jolis vases en forme de balustre, en ancienne porcelaine du Japon, décorés de médaillons de fleurs et d'oiseaux en or et couleurs, sur fond semé de fleurs et d'ornements en bleu, rouge et or. Haut., 53 cent.

8 — Trois beaux vases en ancienne porcelaine de Chine. L'un d'eux, en forme de balustre à couvercle, surmonté d'une chimère, et les deux autres en forme de cornet. Ils sont décorés de grands médaillons de personnages finement émaillés en couleurs et de cartouches peints en grisaille et couleurs représentant des paysages et des oiseaux. Le fond est vermicellé or. Haut. des vases, 50 c.; haut. des cornets, 41 cent.

9 — Deux beaux vases en ancienne porcelaine mince de la Chine, décorés de grands médaillons de paysages avec figures finement émaillés en couleurs, sur fond vermicellé or, enrichi de jetés de fleurs émaillées de couleurs variées. Les couvercles sont surmontés de chien de Foë assis. Qualité rare. Haut., 47 cen..

10 — Vase de même forme et de même qualité que ceux qui précèdent. Il est décoré de médaillons de paysages avec figures finement émaillés en couleurs avec fond vermicellé or. Haut., 38 cent.

11 — Grand et beau vase, modèle potiche à cou[illegible], en ancienne porcelaine de Chine, décoré de corbeille[illegible] de fleurs, d'ustensiles et d'ornements divers, finement peints en émaux de la famille verte. Belle qualité. Haut., 60 cent.

12 — Deux belles potiches avec couvercles, en ancienne porcelaine du Japon, décorées de fleurs en bleu, rouge et or. Haut., 72 cent.

13 — Deux très-beaux vases, en forme de balustre à six pans

et à couvercles, en ancienne porcelaine de Chine, décorés de médaillons de paysages avec figures alternant avec des cartouches de fleurs; le tout finement peint en émaux de couleurs et rehauts d'or. Belle qualité. Haut., 72 cent.

14 — Deux grands et beaux cornets, en ancienne porcelaine de Chine, décorés de fleurs, d'oiseaux et d'insectes finement émaillés en couleurs. Haut., 48 cent.

15 — Deux autres cornets à panses renflées, en ancienne porcelaine de Chine, décorés d'arbustes, de fleurs et d'ornements émaillés en couleurs. Haut., 43 cent.

16 — Une potiche et deux cornets en ancienne porcelaine de Chine, décorés d'arbustes, de fleurs et d'insectes finement émaillés en couleurs et dans lesquelles le rose domine. Haut. de la potiche, 46 cent.

17 — Trois beaux vases de forme ovoïde à couvercle bombé, en ancienne porcelaine de Chine, fond bleu fouetté, enrichis de médaillons de diverses formes, décorés de fleurs et d'oiseaux finement émaillés en couleurs. Qualité rare. Haut. de l'un, 38 cent.; haut. des deux autres, 35 cent.

18 — Deux vases de forme ovoïde, en ancienne porcelaine de Chine, décorés de paysages et de personnages émaillés en couleurs. Haut., 33 cent.

19 — Deux jolis vases de forme droite à gorge rétrécie, en ancienne porcelaine de Chine, ornés de fleurs, d'insectes et d'ornements finement décorés en émaux de la famille verte. Belle qualité. Haut., 44 cent.

20 — Très-beau vase, de même forme que ceux qui précèdent, en ancienne porcelaine de Chine à décor artistique, représentant un sujet de personnages décorés en émaux de la famille verte. Très-belle qualité. Haut., 46 cent.

21 — Autre beau vase en forme de balustre, en ancienne porcelaine de Chine, à décor artistique de la famille verte. Il représente un personnage tenant un ting de son bras droit tendu, en présence de quantité de figures, parmi lesquelles se trouve l'empereur de la Chine. Ce sujet curieux est surmonté d'une frise de caractères entourant la gorge. Qualité rare. Haut., 45 cent.

22 — Vase de même forme que celui qui précède, en ancienne porcelaine de Chine, entièrement couvert de cartouches de fleurs et d'animaux chimériques décorés en émaux de la famille verte. Haut., 44 cent.

23 — Grand et beau vase, en forme de balustre à couvercle, en ancienne porcelaine de Chine, fond gros bleu, caillouté d'or et décoré de médaillons en forme de feuilles, à fleurs et oiseaux émaillés en couleurs. Belle qualité. Haut. 72 cent.

24 — Très-joli vase de forme ovoïde, en ancienne porcelaine de Chine, présentant des monuments, des personnages ainsi que des ornements, décorés en émaux de la famille verte. Belle qualité. Haut., 32 cent.

25 — Trois grands et beaux vases, l'un deux en forme de potiche à couvercle et les deux autres en forme de cornet

en ancienne porcelaine du Japon décorés de médaillons de fleurs et de treillis, en bleu et rouge rehaussé d'or sur fond gros bleu. Les entre-deux sont décorés de fleurs en couleurs sur fond d'or. Très-belle qualité. Haut. de la potiche, 80 cent. Haut. des cornets, 56 cent.

26 — Deux beaux cornets en ancienne porcelaine du Japon, couverts d'un décor très-original à cartouches de paysages et de fleurs en couleurs et fond gros bleu rehaussé de fleurs et de feuillages en or. Haut. 54 cent.

27 — Joli vase en forme de balustre, à gorge très-évasée, en ancienne porcelaine de Chine fond rose, couvert de dragons et de fleurs émaillés en couleurs et enrichi de cartouches décorés de paysages. Haut., 34 cent.

28 — Beau vase en forme de cornet à panse légèrement renflee, en ancienne porcelaine de Chine, décoré en émaux de la famille verte. Il est orné de médaillons de fleurs, d'animaux chimériques, d'insectes, etc. Qualité rare. Haut. 47 cent.

29 — Deux vases en forme de cornet en ancienne porcelaine de Chine, décorés de palmettes et de fleurs en émaux de la famille verte. Leur panse carrée sont décorées de fleurs réservées en blanc sur fond rouge brique et ornées d'arêtes saillantes dorées. Ils sont montés en bronze doré. Haut. totale 45 cent.

30 — Petit vase de forme ovoïde à couvercle, en ancienne porcelaine de Chine, décoré en émaux de la famille verte à fleurs, arbustes et oiseaux. Haut. 29 cent.

31 — Vase en forme de balustre à gorge évasée, en ancienne porcelaine de Chine ; sa base est décorée de fleurs, et sa panse est ornée de papillons et d'insectes émaillés en couleurs. Hauteur, 37 cent.

32 — Petit vase, modèle balustre, en céladon bleu turquoise. Hauteur, 31 cent.

33 — Trois vases à couvercles, en forme de potiche, en porcelaine de Chine, fond noir et décors d'or représentant des paysages et des ornements. Hauteur, 45 cent.

34 — Deux vases, modèle balustre à deux anses, en porcelaine de Chine, fond gros bleu et décor d'or. Hauteur. 48 cent.

35 — Plateau en forme de feuille de lotus, en céladon bleu turquoise uni. Diamètre, 28 cent.

36 — Plateau analogue à celui qui précède, mais un peu plus petit. Diamètre, 25 cent.

37 — Deux grosses potiches à couvercles en porcelaine de Chine, décorées de dragons et de nuages en bleu rehaussé d'or, et de fleurs émaillées en couleurs. Hauteur, 60 cent.

38 — Grande gourde, décorée de chauves-souris et de nuage, émaillés en couleurs et rehaussés d'or sur fond gros bleus Hauteur, 56 cent.

39 — Petite jardinière ronde, décorée de figures dans un paysage, et ornée au bord de rinceaux et de fleurs en couleurs sur fond bleu clair. Hauteur, 18 cent.; diamètre, 24 cent.

40 — Vase en forme de balustre très-allongé, en porcelaine de Chine à larges craquelures, décoré d'un sujet mystique à personnages, émaillé en couleurs. Hauteur, 44 cent.

41 — Vase en forme de balustre, en porcelaine de Chine craquelée, décoré de dragons chimériques et de fleurs émaillés en couleurs sur fond vert d'eau. Hauteur, 44 cent.

42 — Vase de forme analogue, en porcelaine de Chine, fond vert d'eau orné de fleurs, d'oiseaux et d'ornements en relief décorés en rouge de cuivre et en bleu. Hauteur, 43 cent.

43 — Deux petits vases à couvercles, modèle balustre, en porcelaine de Chine, décorés de fleurs émaillees en couleurs sur fond rose. Hauteur, 29 cent.

44 — Deux petits vases de forme ovoïde à couvercles, en ancienne porcelaine de Chine, décorée en émaux de la famille verte à fleurs, ustensiles et ornements. Hauteur, 25 cent.

45 — Deux petits vases en porcelaine de Chine à larges craquelures, décorés de fleurs et de papillons en couleurs. **Haut., 24cent.**

46 — Vase de forme cylindrique en céladon gaufré sous émail et décoré de fleurs et d'oiseaux émaillés en couleurs. Haut., 275 millim.

47 — Vase de même forme que celui qui précède, décoré de fleurs en rouge de fer et or, avec encadrements à imbrications bleues. Haut., 275 millim.

48 — Vase en porcelaine de Chine, à panse droite, décoré d'arbustes, de fleurs et d'animaux finement émaillés. Haut. 30 cent.

49 — Très-belle assiette en ancienne porcelaine mince de la Chine (coquille d'œuf), modèle dit aux sept bordures avec sujet familier au centre, émaillé en couleurs, de la plus grande finesse d'exécution. L'intérieur est émaillé carmin

50 — Assiette pareille à celle qui précède.

51 — Joli vase en ancienne porcelaine mince de la Chine, fond rouge brique et décors de fleurs en or, enrichi de médaillons de personnages très-finement émaillés en couleurs. Haut. 28 cent.

52 — Beau vase, modèle balustre à deux anses, en céladon bleu turquoise, à fleurs gaufrées sous émail. Haut., 32 cent.

53 — Deux jolis vases en forme de bouteille à six pans, en céladon bleu turquoise à ornements gauffrés sous émail décorant la base des vases. Haut. 27 cent.

54 — Deux flacons carrés en porcelaine de Chine, fond bleu avec dessins réservés en blanc et fleurs émaillées en couleurs.

55 — Jolie figurine de femme assise, jouant de la mandoline, en poterie de Satsuma, très-finement décorée en or et couleurs.

56 — Deux jolis bols en porcelaine de Chine, fond rouge gravé et à fleurs émaillées en couleurs. Ils sont enrichis de médaillons de paysages très-finement décorés en couleurs.

57 — Deux bols analogues à ceux qui précèdent; leur fond est jaune d'or et leurs médaillons sont décorés de fleurs émaillées en couleurs. Ils présentent à l'intérieur des arbustes en camaïeu bleu.

58 — Deux bols analogues à ceux qui précèdent, mais en fond gris perle.

Émaux cloisonnés

59 — Deux grands et magnifiques brûle-parfums à panse sphéroïdale et à bords plats festonnés. Ils sont décorés de fleurs et d'ornements émaillés en couleurs sur fond bleu turquoise, et reposent sur trois têtes d'éléphants en bronze doré. Leurs couvercles dômés, émaillés de même,

sont enrichis d'une frise découpée à jour et ont pour bonton un éléphant couché, en bronze doré et émail, surmonté d'un vase. Pièces exceptionnelles par leurs dimensions et la richesse de leur ornementation. Socles à six pans en bois finement sculpté. Haut., sans le socle, 80 cent.; diam. 85 cent.

60 — Beau brûle-parfums analogue à ceux qui précèdent, mais moins grand. Il repose sur trois pieds à têtes chimériques en bronze doré, et le bouton de son couvercle est formé par un animal fantastique de même métal. Émail très-brillant. Socle en bois sculpté, également à six pans. Haut., sans le socle, 55 cent.; diam. 55 cent.

61 — Très-beau vase en forme de gourde, en émail cloisonné à fleurs et insectes en couleurs sur fond bleu turquoise. Les deux parties de la gourde sont reliées entre elles par une belle frise en bronze ciselé et doré. Belle qualité. Haut. 72 cent.

62 — Grand et beau brûle-parfums en forme de bassin à huit pans surmonté d'un kiosque de même forme, le tout en émail cloisonné, à fleurs et ornements en couleurs sur fond bleu turquoise. Cette pièce a son couvercle dômé surmonté d'un bouton en forme de poire, et elle est enrichie de galeries et de panneaux en bronze doré et découpé à jour. Ses quatre pieds sont formés de têtes d'éléphants en bronze doré. Cet objet, dont l'aspect monumental est du plus brillant effet, repose sur un socle étagère en bois sculpté. Haut., sans le socle, 90 cent.

63 — Deux lanternes ou brûle-parfums en forme de pavillons chinois à quatre faces, en émail cloisonné, à fleurs et ornements sur fond bleu et enrichis de parties en bronze ciselé, doré et découpé à jour. Forme gracieuse et peu commune. Haut. 60 cent.

64 — Très-fort vase, en forme de balustre carré, en émail cloisonné, à ornements et fleurs en couleurs sur fond bleu turquoise. Ses deux anses en émail sont rattachées au col du vase par des têtes chimériques en bronze doré. Belle qualité. Haut 57 cent.

65 — Joli bassin de forme ronde et basse, dont l'extérieur est entièrement couvert d'ornements et de fleurs émaillés en couleurs sur fond bleu turquoise. Cette pièce est dorée à à l'intérieur; ses anses et ses pieds sont en bronze doré. Diam. 40 cent.

66 — Deux groupes composés chacun d'un personnage jouant de la flûte et assis sur un bufle. Ces pièces, exécutées au repoussé et de ronde bosse, sont couvertes d'ornements et de fleurs émaillés en couleur sur fond bleu turquoise, avec parties réservées en bronze doré. Modèle très-curieux et rare. Haut., 55 cent.

67 — Brûle-parfums ou jardinière, en forme de gros balustre, èn émail cloisonné, à fleurs, palmettes et autres ornements en couleurs variées sur fond bleu turquoise. Cette pièce repose sur trois pieds en bronze doré, et son couvercle en bois finement sculpté à dragons en haut relief, est surmonté d'un bouton en jade. Haut. totale, 55 cent.

68 — Deux jolis vases en forme de cornet, en émail cloisonné, à fleurs sur fond bleu turquoise. Ils sont décorés à l'intérieur d'une double zone de fleurs, dont l'une est émaillée sur bleu turquoise et l'autre sur bleu foncé. Haut., 33 cent.

69 — Deux autres beaux vases de même forme, en émail cloisonné à fleurs sur fond bleu turquoise. Leurs panses renflées sont enrichies de médaillons en bronze ciselé, doré et découpé à jour, et leurs anses sont composées d'ornements en bronze doré. Haut., 38 cent.

70 — Deux petits vases en forme de gourde aplatie, décorés de fleurs, de fruits et d'insectes en couleurs sur fond gros bleu et enrichis de médaillons ronds ornés de caractères réservés en or sur fond émaillé rouge. Qualité rare. Socles en bois sculpté. Haut., 25 cent.

71 — Cassolette de forme sphéroïdale à couvercle, en émail cloisonné, à fleurs et ornements en couleurs sur fond bleu turquoise. Ses pieds, ses anses à animaux chimériques et le bouton de son couvercle sont en bronze doré. Haut., 23 cent.

72 — Très-joli brûle-parfums en forme de pêche de longévité, en émail cloisonné à fleurs en couleurs, partie sur fond rouge et partie sur fond blanc. Ses branchages en bronze doré lui tiennent lieu d'anses, de pieds et de bouton à son couvercle. Qualité rare. Larg., 22 cent.; haut., 15 cent.

73 — Petit brûle-parfums de forme sphéroïdale, reposant

sur trois pieds bas, en émail cloisonné, à fleurs en couleurs sur fond blanc. Belle qualité ancienne. Son couvercle en bois est surmonté d'un bouton en cornaline. Diam., 11 cent.

74 — Jolie jardinière, de forme ronde et à lobes, en émail cloisonné à fleurs en couleurs sur fond rouge. Elle est enrichie de trois cercles en bronze ciselé et doré. Haut., 16 cent.; diam., 16 cent.

75 — Vase en forme de gourde aplatie, à base et gorge de forme carrée, en émail cloisonné, à ornements en couleurs sur fond bleu turquoise. Chacune de ses faces présente une rosace avec parties émaillées rouge et blanc et dont le centre présente un ornement de bronze doré. Socle en bois sculpté. Haut., 28 cent.

76 — Autre vase en forme de gourde, à panse lenticulaire reliée à la gorge par deux anses découpées à jour. Cette pièce est décorée de fleurs et de fruits émaillés en couleurs sur fond bleu turquoise. Haut., 26 cent.

77 — Joli vase, forme bouteille, décoré d'arbustes, de rochers et de fleurs émaillés en couleurs sur fond bleu turquoise, et enrichi d'ornements et de festons de perles émaillés gros bleu. Haut., 21 cent.

78 — Joli brûle-parfums ou lampe, de forme cylindrique et à couvercle dômé surmonté d'un bouton en forme de fleur. Il est décoré dans toutes ses parties de fleurs et d'ornements émaillés en couleurs sur fond bleu turquoise. Haut., 38 cent.

79 — Belle gourde de forme aplatie, décorée de fleurs et d'ornements émaillés en couleurs sur fonds bleu turquoise et bleu foncé alternés. Ses anses sont en bronze doré et son bouchon est en vermeil. Haut., 34 cent.

80 — Vase en forme de balustre, posé sur un oiseau debout, qui est placé sur un socle de forme octogone; le tout en émail cloisonné décoré en couleurs. Pièce curieuse. Haut., 32 cent.

81 — Petit vase en forme de balustre aplati et à couvercle, à ornements émaillés en couleurs sur fond bleu turquoise. Haut., 16 cent.

82 — Deux jolis petits vases sur socles bas; le tout décoré de fleurs et d'ornements émaillés en couleurs sur fond bleu turquoise. Haut., 15 cent.

83 — Petit cornet à panse renflée, en émail cloisonné, à fleurs et ornements en couleurs sur fond bleu turquoise. Haut., 15 cent.

84 — Deux très-petits flambeaux en émail cloisonné, avec parties réservées en bronze doré.

85 — Lanterne de forme carrée, en bronze doré, avec parties en émail cloisonné et grilles en jade blanc finement découpé à jour.

86 — Écran de forme carré long, en émail cloisonné ; il repré-

sente un paysage montagneux avec groupe de cerfs au premier plan. Belle qualité. Monture en bois sculpté. Haut. 61 cent.; larg. 49 cent.

87 — Petit bassin rond à bord plat, décoré à l'intérieur de fleurs et d'oiseaux émaillés en couleurs sur fond blanc et bleu turquoise. Diam. 36 cent.

88 — Deux petites coupes rondes décorées à l'extérieur de caractères réservés en or sur fond gros bleu. Elles sont dorées à l'intérieur. Diam. 15 cent.

89 — Petite coupe ronde et à double fond, décorée de fleurs, d'oiseaux et d'ornements émaillés en couleurs sur fond bleu turquoise. Pièce curieuse et de qualité ancienne. Diam. 13 cent.

90 — Petite cassolette de forme carré-long, reposant sur quatre pieds à têtes chimériques dorées et à deux anses surélevées. Elle est décorée d'ornements en couleurs sur fond bleu turquoise. Larg. 10 cent.; haut. 14 cent.

91 — Joli vase, forme balustre, en cuivre émaillé, à médaillons de paysages avec figures, et décoré de fleurs finement peintes en couleurs sur fond rouge. Travail chinois de style européen. Haut. 35 cent.

92 — Petit socle de forme carrée en émail cloisonné à fleurs sur fond bleu turquoise. Diam. 105 millim.; haut. 6 cent.

93 — Petit vase, forme balustre, décoré de fleurs et d'ornements en couleurs sur fond bleu turquoise. Haut. 13 cent.

94-96 — Six petits vases de formes diverses en émail cloisonné. Ils seront vendus par deux.

97-98 — Quatre petites boîtes, dont une de forme lenticulaire. Elles seront vendues par deux.

99 — Petite plaque de forme carré-long, décorée d'un dragon à cinq griffes, émaillé en gros bleu sur fond bleu turquoise.

100 — Deux petits plateaux ronds en émail cloisonné, à fleurs et ornements en couleurs sur fond bleu turquoise. L'un d'eux a un petit balustre rapporté à son centre.

Cristaux de roche

101 — Très-joli vase de forme ovale allongée avec branchages sculptés et découpés à jour. Son couvercle est garni de deux petites anses et surmonté d'une chimère. Pièce remarquable par la pureté de sa matière. Socle en bois sculpté. Haut. 14 cent.; larg. 13 cent.

102 — Joli vase en forme de balustre aplati, à couvercle, en cristal de roche uni. Il est suspendu à des chaînes de

même matière et placé dans une monture en bois sculpté. Belle qualité.

103 — Écritoire formée d'un groupe de deux oiseaux, dont l'un forme godet et l'autre tient lieu de pied à un vase en forme de balustre, à deux anses et à couvercle; le tout pris dans la masse et découpé à jour. Cette pièce est remarquable par la pureté de sa matière et la beauté du travail. Socle en bois sculpté. Haut. 15 cent.

104 — Joli vase en forme de balustre carré à angles coupés, à deux anses, têtes chimériques et anneaux mouvants pris dans la masse. Il repose sur un socle de même matière, et son couvercle est surmonté d'une chimère découpée à jour. Haut. 27 cent.

105 — Vase analogue à celui qui précède; il a deux anses carrées prises dans la masse. Haut. 25 cent.

106 — Petit vase de forme carrée à angles coupés, à deux anses découpées à jour et avec branchages sculptés en relief. Le couvercle est surmonté d'une chimère. Haut. 16 cent.

107 — Grande figure de divinité debout accompagnée d'un cerf. Pièce remarquable par ses dimensions. Haut. 27 cent.

108 — Autre figure analogue à celle qui précède. Haut. 25 cent.

109 — Figurine de personnage accroupi. Larg. 14 cent.

110 — Figurine analogue, mais plus petite. Larg. 13 cent.

111 — Vase en forme de balustre carré à angles coupés. Haut. 14 cent.

112 — Vase en forme de balustre carré, à deux anses prises dans la masse. Haut. 12 cent.

113 — Petit vase en forme de bouteille, à panse hexagone. Haut. 11 cent.

114 — Vase en forme de tronc de bambou, à feuillages gravés, rapporté sur un pied formé par un rocher de même matière. Haut. 16 cent.

115-116 — Deux vases à anses prises dans la masse. Ils seront vendus séparément.

117-119 — Six flacons-tabatières et autres pièces en cristal de roche, qui seront vendus par deux.

Matières diverses

120 — Agate orientale. —Belle coupe de forme ronde et profonde, garnie de trois anses formées par des dragons chimériques découpés à jour et pris dans la masse. Haut., 8 cent.; larg., 15 cent.

121 — Jade blanc. — Jolie tasse à une anse et à couvercle, décorée de fleurs et d'ornements gravés en relief, et parfaitement évidée. Travail de l'Inde. Diam., 10 cent.

122 — Jade blanc verdâtre. — Jolie coupe ronde taillée à godrons et parfaitement évidée. Diam., 21 cent.

Laques et Objets variés

123 — Charmant petit cabinet fermant à deux vantaux en ivoire, avec paysages et oiseaux finement laqués en or et en relief. Chaque tiroir de ce petit meuble est pris dans un morceau d'ivoire évidé. Socle-support en bois laqué. Travail japonais. Haut., 11 cent.; larg., 12 cent.

124 — Jolie cantine en laque du Japon, fond aventuriné et riche décor d'or. Elle est accompagnée de ses boîtes à compartiments, plateau et flacon. Belle qualité. Haut., 33 cent.; larg., 35 cent.

125 — Deux très-petits vases en bronze enrichis d'incrustations en or et en argent.

126 — Pitong en corne sculptée à l'imitation d'une racine, avec base et gorge en émail cloisonné à ornements bleus sur fond blanc. Haut., 15 cent.

127 — Groupe en ivoire sculpté; cavalier armé de toutes pièces et personnage debout placé derrière le groupe principal. Travail japonais très-curieux. Haut., 76 cent.

128 — Boîte de forme cylindrique à deux compartiments en ivoire sculpté à paysage et avec parties laquées or, représentant des fleurs et des oiseaux.

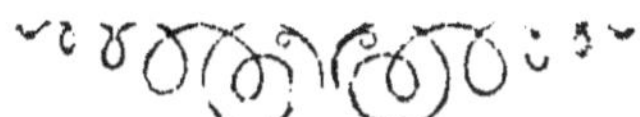

www.ingramcontent.com/pod-product-compliance
Lightning Source LLC
LaVergne TN
LVHW010258230826
846091LV00007B/3031

* 9 7 8 2 3 2 9 5 4 4 9 0 8 *